www.z4ko.com

El negocio que me llegó a través de Amazon, Google Adwords y un curso de Empresa e iniciativa emprendedora.

Alfonso Cordal Rodríguez

ISBN: 149614709X
ISBN-13: 978-1496147097

ÍNDICE

La oportunidad vista de un modo genérico

Esta oportunidad, está destinada a transformar las ideas en actividades prácticas dentro del contexto social, cultural y económico, reflejándose la motivación más la capacidad para producir un valor económico. Vivimos en un mundo de constantes cambios, junto a una economía con mucha competencia, por lo cual, nos vemos obligados a realizar una adaptación constante a este contexto. En este emprendimiento, es necesario tomar la iniciativa y poner en marcha nuevos proyectos; involucrarse aplicando toda la inteligencia, creatividad más la voluntad. Hoy en día, muchos son los que prefieren la seguridad de un puesto de trabajo estable, y huyen de los riesgos que pueden conducir al fracaso. Los valores, habilidades y conocimientos para emprender, junto a la adquisición de las competencias vinculadas a este objetivo, encontrarán la capacidad para resolver problemas, analizarlos críticamente, crear nuevos conocimientos… la motivación ha de ser el vínculo, donde se muestran los resultados. La ilusión, o el deseo de llevar a cabo el proyecto, que sin duda, es el motivo detonante.

Los servicios y necesidades

www.alfonsocordal.com se destaca por ofrecer todo clase de productos, la consultoría más el asesoramiento, el análisis, desarrollo e implantación de soluciones, consiguiendo ofrecer una extensa ayuda a los clientes, quienes verán rentabilizadas sus inversiones o compras.

La página web se caracteriza por su dinamismo, modernidad, profesionalidad, así como por su calidad, logrando que los clientes utilicen los servicios, por la confianza en los valores prestados.

Al crear los bienes y servicios, también intento alcanzar los objetivos, e identificar las necesidades y deseos del mercado, para satisfacerlo de un modo más eficiente que la competencia; se establecerán las insuficiencias del mercado, formulando objetivos orientados al consumidor, que se alcanzarán con las estrategias, y la posterior relación con el comprador.

Nos será de gran ayuda para conseguir nuestra meta, el boca a boca (con nuestros clientes o posibles clientes), el marketing en línea, y el apoyo de las Redes sociales.

Mi objetivo

Redactar mi propia idea, es la mejor ayuda para su posterior administración y planificación, teniendo siempre en cuenta, la información de lo que se necesita para tener éxito, Destacará por su definición más las estrategias seguir, y por supuesto, la viabilidad económica, así como facilitará el camino para poder obtener la financiación. Hará más llevadera la negociación con los proveedores, y a definir los resultados en las diversas etapas, estableciendo los criterios para saber cuáles son los logros más las metas a corto y a medio plazo, aproximándonos a los resultados esperados. Identificará las posibles oportunidades para que las aprovechemos. Nos ayudará a identificar las dificultades que se presenten, más las medidas correctivas. Al redactarlo, debemos ser claros y concisos, consiguiendo que el documento plasme de manera estratégica y estática, los pasos que seguirán en los próximos años. Habrá que saber maximizar los recursos, que contengan los aspectos claves que definirá el destino del negocio, identificando dicha oportunidad, estableciendo el curso que seguirá, el costo que este va a implicar, y los resultados económicos. En este documento, se reflejará el funcionamiento de las diferentes áreas de la organización (la estructura de administración, la información económica, los datos de marketing y de las ventas, etc...). Hasta no hace muchos años, si se quería anunciar una empresa, se tenía que comprar un anuncio, repartir folletos o incluso pagar por carteles publicitarios. Debías invertir con la esperanza de llegar a tus clientes y seguramente, pocas personas llegarían a ver tus anuncios.

Hoy en día, con la publicidad online, puedes mostrar tus anuncios a todas las personas que probablemente estén interesadas en tus productos y servicios, o excluir a aquellas que no lo estén. Esta precisión, nos llega gracias a los motores de búsqueda; tiene varias ventajas aunque...la más importante es la segmentación. Es decir, me permitirá mostrar el anuncio a personas interesadas en mis productos y servicios, seleccionando previamente su edad, ubicación, idioma, días, horarios y frecuencia con que el/los anuncios debe mostrarse, ubicación del anuncio (sitios comerciales, sitios personales, motores de búsqueda), o los términos de búsqueda utilizados para buscar productos y servicios. La segmentación, definirá mejor la campaña publicitaria.

Dado a las estadísticas que nos ofrece la publicidad online, nos permitirá medir los resultados, y saber cuando, como, y de qué, se realiza una compra. Al ver en qué anuncios interesan más, sabré dónde invertir el tiempo de mi campaña. Con la ayuda de algunas herramientas de análisis, también podré obtener información sobre los hábitos de compra de mis clientes como, durante cuánto tiempo investigan sobre un producto antes de comprarlo. Estos datos permitirán ajustar los anuncios para mejorar el rendimiento. Por supuesto, podremos controlar la inversión de nuestro dinero, sin existir una inversión mínima, pudiendo elegir cuánto invertir al mes o cada día. Además, la publicidad online está al alcance de cualquier empresa.

Estructuré la promoción online en campaña, grupos de anuncios y anuncios. Creé una campaña para cada uno de los objetivos comerciales (campaña, grupos de anuncios y anuncios). Seleccioné una palabra clave destinada a acercarme a mis usuarios, en función de dónde viven y sus hábitos de compra. Consideré los grupos de anuncios como para cada una de las diferentes secciones de la tienda. En cada grupo de anuncios, incluí las palabras clave que yo mismo utilizaría para buscar dichos productos y servicios. Incluirá palabras clave negativas, es decir, que no fuesen muy relevantes, aunque si quise que estuvieran relacionadas, permitiéndome esto, excluir a aquellos usuarios, a las que no me interese que vean mis anuncios. Añadí la expresión "Envío gratis" , y me valió de ayuda agregar un número de teléfono, enlaces a lugares específicos www.alfonsocordal.com y un mapa de mi ubicación.

El auto empleo, las fuentes de financiación, y
nuestro equipo.

El autoempleo es una alternativa muy interesante a tener en cuenta, pues el gobierno facilita una serie de iniciativas para incentivarlo. Hay subvenciones para los desempleados que se den de alta en el régimen de autónomos, una colaboración que forma parte del Programa de Fomento del Empleo Autónomo y apoya las iniciativas empresariales propias. Se trata esta de una subvención destinada a apoyar los primeros pasos de los negocios que se proponen. La estrategia a seguir el primer año, será ajustar los precios todo lo posible con el fin de resultar competitivos, y atender las dudas de nuestros clientes, cuando lo soliciten. A partir de la citada fecha, se irá incrementando la oferta con las novedades que se vayan incorporando al sector, y ofrecer nuestros productos y servicios.

La importancia que tiene un buen clima laboral en la empresa, es palpable diariamente entre los miembros de la organización, y de ella dependerán muchos aspectos del buen desarrollo de la empresa. Los éxitos, siempre han definido esta cultura, la han respetado y transmitido mediante las iniciativas para mejorar; estas prácticas nos dirigirán a una mejor eficacia. La Cultura Organizacional, son las suposiciones, creencias, valores, normas, cómo piensan o sienten, las actitudes, las conductas y la forma de actuar que comparten los miembros de la organización. El desarrollo, nos permitirá adaptarnos a los cambios.

Para poder llevar a cabo nuestra idea, podremos servirnos de:

Instituto Galego de Promoción Económica (IGAPE), es la agencia, adscrita a la Consellería de Economía e Industria, para el desarrollo económico de Galicia, y que me será de ayuda para llevar adelante esta idea. Apoya las actividades que contribuyan a mejorar el sistema productivo, Y facilitar el proceso de creación, consolidación y crecimiento, impulsando la creación de nuevas empresas, y fomentando el espíritu emprendedor. Incrementará la competitividad de mi empresa, a través de la innovación y el desarrollo tecnológico, poniendo a mi disposición, el apoyo necesario para que esta idea, se pueda llevar a cabo. Para esto pone en marcha a Unidade Galicia Emprende; el Fondo Social Europeo, mediante el programa para la promoción del empleo autónomo, cuenta con una ayuda de 8.000 euros para desempleados con discapacidad o pertenecientes a algún colectivo con riesgo de exclusión social.

El Instituto de Crédito Oficial es una entidad adscrita al Ministerio de Economía y Competitividad a través de la Secretaría de Estado de Economía y Apoyo a la Empresa, que consideración de Agencia Financiera del Estado, más autonomía de gestión para el cumplimiento de sus fines.

Fondo Social Europeo es el Programa para la promoción del empleo autónomo, cofinanciado por el Fondo Social Europeo, y ayuda con 8.000 euros para desempleados con discapacidad o pertenecientes a algún colectivo con riesgo de exclusión social.

Los sentimientos de quien compone nuestra organización, tienen un efecto definido. Existe una teoría de cómo se comporta la estructura y cómo responden sus miembros. Por una parte, la naturaleza humana enfatiza el control y pone en la dirección la responsabilidad de dirigir los recursos. La gente se resiste a las necesidades de la organización, carece de iniciativa, es egocéntrica y se opone al cambio. Se prefiere evitar responsabilidades, se tiene relativamente pocas ambiciones, porque se desea la seguridad ante todo. En el otro extremo, nos encontramos con gente responsable, pero con diferentes criterios; las personas tienen una capacidad para crecer, y es responsabilidad de los dirigentes de implantar esas realidades con las cuales los trabajadores lograrán sus metas y sus objetivos. El trabajo es un manantial de satisfacción, el control no es la única forma de centrarse en el trabajo. Las necesidades de autorrealización, son producto del esfuerzo para conseguir los objetivos. El hombre, no sólo a acepta la responsabilidad, también la busca. La imaginación, el ingenio y la creatividad se hallan entre la población. Nuestra empresa será productiva, si conseguimos que se adapte a los requisitos de la situación en la que vivimos.

En la realidad, son muchas las perspectivas de estudio, y cada colectivo las define de una forma. Nosotros debemos adaptarnos a las necesidades de los clientes, apuntar hacia una especialidad, y a una zona geográfica. La mejora de las tecnologías, conjuntamente a un transporte adaptado, más la comunicación, nos conducirán a la apertura del mercado, donde nos encontraremos con un conjunto de sistemas estructuralmente divisibles, que se interrelacionan, para obtener el logro de determinados fines, pero funcionalmente son indivisibles. Los elementos de este sistema, carecen de significado si se hallan de forma aislada. Es el hombre quien los crea, y reciben las influencias del entorno, e influyen en el mismo. Tendremos muy en cuenta, el conjunto de factores que nuestra empresa no puede controlar, convirtiéndose en variables exógenas pero que influyen sobre el desarrollo de nuestro negocio. Pero si los límites que marcan los valores de nuestra empresa, varían con el tiempo, diremos que son flexibles, ya que se abren o cierran según las necesidades de cada momento. Las expectativas de futuro, satisfacen al sistema como a su entorno, y para ello, debemos marcarnos una serie de objetivos. En un subsistema real, se incluirán las relaciones productivas, las compras, el transporte, la gestión, etc...fijará los precios, el coste de la publicidad, conocerá mejor los mercados, la distribución, y diseñará productos que satisfagan las necesidades de los mercados y procesos. Cuando las empresas han de saber si cumplen con los objetivos, se recoge información, de forma que se pueda comprobar el desvío de lo que anteriormente nos habíamos marcado, será entonces cuando introduzcamos más datos, e interpretemos la investigación a partir del contesto y de sus objetivos. Podremos entender al mundo, como un grupo de elementos de una jerarquía, y que no se comprenden entre si mismos.

Las fuentes de financiación serán los fondos provenientes de los beneficios que obtengamos. Un tercer subsistema, el directivo, tomará las decisiones para conseguir los objetivos que tenemos en la mente, a su vez que organiza a los elementos, de acuerdo con estas decisiones. A la hora de retribuir a los empleados por su esfuerzo, seleccionaremos los mecanismos de coordinación, mediante la división de las diferentes tareas, tratándolos a cada uno individualmente, con el fin de aumentar la productividad y mejorar la eficiencia. Se aprovecharan las habilidades de los trabajadores, otorgándole a cada uno la tarea más acorde con sus capacidades, consiguiendo de este modo, el mejor funcionamiento de su trabajo, a un mismo tiempo que se reducirán las pérdidas de tiempo que ocasionan el cambio de tareas. El mercado busca las decisiones coherentes, que le haremos llegar a través de un sistema de precios justo. De este modo, la dirección de la empresa, podrá centrarse en la toma de decisiones, planificando el empleo, y transmitir la información a el encargado de resolver el problema. La seriedad, a su debido tiempo, evitará que los costes se disparen, y absorban más recursos de los necesarios. Cuando nuestros posibles clientes, reciben esos datos, la información fluirá mejor, porque el público estará incentivado a actuar en esas ventajas beneficiosas, que vienen dadas por los precios. El comerciante trata de maximizar sus utilidades y posibilidades, aprovechando la más pequeña oportunidad. A medida que va creciendo la actividad, el resultado se verá reflejado en nuestro ámbito. Comprometiéndonos a comprar en exclusiva a un proveedor, nos vamos a beneficiar de que los precios sean mas bajos, pero no por ello, dejaremos de pensar que, los bienes que ofertamos deben ser adquiridos en un determinado momento, o perderán su valor. Los beneficeficios excedentes pueden atribuirse a adquirir nuevos bienes, o la financiación de otros servicios. Aprovecharemos todas las capacidades para explotar las oportunidades, hacer frente a sus amenazas, utilizando los recursos necesarios para mantenernos en posiciones satisfactorias, y mejorarlas.

El producto debe adaptarse a las necesidades del cliente, y a un precio que esté disponible a pagar y no todos los competidores dispondrán de él. Se seguirá una estrategia de liderazgo en costes, ofertando nuestros productos más servicios, y asegurándonos que sean superiores o idénticos a los de nuestros competidores, pero a un precio más bajo. La estrategia de diferenciación, hará destacar alguno de sus atributos, de forma que sea diferente..

El cliente optará entre varios productos de nuestros competidores, y se decantará por el que le ofrezca mayores garantías. El valor fundamental que se creará, es la actitud por la que nos distinguiremos de los demás, la cual nos ayudará a implantar una mayor identidad para ser distintos, haciendo uso de la libertad y la disciplina. El promotor se encargará de suministrar la cara al exterior, estableciéndose el rendimiento, y motivará a trabajadores. El énfasis del grupo tiene que ser fuerte, es decir, si queremos llegar a la cima tendremos que jugar en equipo.

La toma de decisiones con base en sus resultados, y consecuencias proporcionará el mayor bien. Pero también tendremos en consideración, el respeto o la protección de las libertades, (conciencia, expresión, etc…).Para definir estos objetivos en el personal, recurriremos a un documento que declarará estos valores, suficientemente específicos para mostrar el espíritu con el que se deben hacer las cosas. El conocimiento es un recurso de vital importancia, y más aún, teniendo la oportunidad de basarlo en la basada en la experiencia. La estrategia de ventas ha de seleccionar los productos y mercados a los que se dirige, determinando la localización geográfica de la actividad. Se aprovecharán mejor las ventajas de la especialización, al concentrarnos en una determinada línea de productos, y no dispersando la atención hacia muchos géneros.

Tendremos que seguir estos objetivos mediante los factores disponibles, y desarrollaremos las funciones de planificación, organización, gestión y control para lograr una ventaja competitiva.

www.ingramcontent.com/pod-product-compliance
Lightning Source LLC
Chambersburg PA
CBHW070733180526
45167CB00004B/1732